AF337941

LETTRE

AU

GÉNÉRAL TROCHU

Membre de l'Assemblée nationale

PAR

Le Vte DE RORTHAYS

———❦———

LE MANS

TYPOGRAPHIE ED. MONNOYER

—

1872

LETTRE

AU

GÉNÉRAL TROCHU

LETTRE

AU

GÉNÉRAL TROCHU

Membre de l'Assemblée nationale

PAR

Le Vte DE RORTHAYS

LE MANS

TYPOGRAPHIE ED. MONNOYER

1872

LETTRE

AU

GÉNÉRAL TROCHU

Membre de l'Assemblée nationale

GÉNÉRAL,

J'appartiens à un pays qui a conservé, plus que tout autre, le culte de ces grandes vertus qui vous ont valu, au moment d'un péril sans égal, une popularité sans exemple : la foi, le devoir et l'honneur.

Ce pays c'est la Vendée ; la Vendée qui s'est fait une place à part dans l'histoire de la patrie commune, par l'héroïsme des sacrifices accomplis au pied de ces nobles autels et à qui nos derniers désastres ont fourni la douloureuse occasion de prouver qu'elle n'avait point dégénéré de son glorieux passé. Vous le savez, général, pour en avoir été témoin à Champigny et à Buzenval ; d'autres le savent aussi pour l'avoir vu ailleurs.

Bien que vous ne soyez pas né parmi nous, vous nous appartenez cependant à des titres presque aussi puissants que la communauté d'origine. Il y eut un jour où nous vous jugeâmes digne d'être des nôtres et où nous vous avons adopté. Pendant que vous meniez au feu les bataillons de mobiles que la Vendée vous avait envoyés, une réunion nombreuse, composée, sans distinction de parti, des électeurs les plus accrédités du département, inscrivait, d'acclamation, votre nom en tète de la liste des candidats choisis pour les représenter à l'Assemblée constituante. Quatre mois après, la Vendée ratifiait ce choix en vous donnant cinquante mille suffrages.

Elu au même moment par huit autres départements, vous avez, comme il était juste, opté pour celui qui s'honore de vous avoir donné naissance. Ce n'est pas la Vendée que vous représentez à Versailles, c'est la Bretagne. Mais votre élection dans la Vendée ne vous a pas moins conféré droit de cité parmi nous, et au moment où l'on discute publiquement si vous êtes un homme de cœur ou un traître, ceux qui vous ont donné avec leur vote un gage éclatant de leur estime et de leur confiance se doivent d'examiner de près les actes que l'on vous reproche, et selon que cet examen vous sera défavorable ou non, de vous rendre justice ou de se la faire à eux-mêmes.

Ceux-là y sont tenus plus particulièrement qui, au mois d'octobre 1870, ont spontanément pris votre candidature sous leur patronage. Pour avoir répondu de vous à leurs concitoyens, ils ont assumé une responsabilité morale qui leur interdit le silence.

Cette responsabilité est la mienne, ou du moins j'en ai ma part que je ne songe pas à rejeter sur d'autres. La participation que j'ai prise, comme électeur et comme écrivain, à l'inscription de votre nom sur notre liste électorale m'impose des obligations que je n'ai pas le droit de méconnaître.

Mes compatriotes et mes amis de la Vendée, si sévères à bon droit dans tout ce qui touche aux questions de conscience, de droiture et d'honneur, me sauront gré d'ailleurs, je l'espère, d'être cette fois-ci encore leur interprète auprès du public. Ils ont, eux aussi, leur jugement à rendre.

Si vous avez mérité cette espèce de dégradation morale que l'on veut vous faire subir, leur confiance a été surprise par une renommée trompeuse, et ils doivent loyalement le reconnaître. S'ils jugent au contraire que votre honneur de soldat et de citoyen est sorti intact du périlleux débat que vous avez eu le courage de provoquer, ils doivent le déclarer hautement et donner leurs preuves. Innocent, nous sommes tenus au nom de la justice et de la générosité à resserrer les liens qui nous unissent; coupable, il est de notre intérêt de nous dégager de toute solidarité avec vous en les brisant d'une façon éclatante.

Mais que nous vous maintenions les honneurs de l'adoption ou que nous vous infligions la flétrissure de la radiation, l'heure est venue où il faut que nous parlions à notre tour, franchement et clairement, ainsi qu'il convient à notre humeur et comme il est dans nos vieilles habitudes.

I

Personne en Vendée, très-certainement, n'a oublié quelles avaient été les raisons d'être de votre candidature dans un département auquel ne vous rattachait aucun lien personnel. Il est bon cependant que je les rappelle.

Etait-ce comme homme de parti que nous vous avions choisi pour nous représenter, et parce que vous aviez des opinions politiques conformes aux nôtres? Non, vos opinions politiques nous étaient parfaitement inconnues et je dois ajouter qu'il n'était venu à la pensée d'aucun de nous de chercher à les connaître. Que vous fussiez légitimiste, orléaniste ou républicain, ce n'était point l'heure de le rechercher quand l'armée prussienne venait d'investir la capitale de la France, confiée à votre garde.

Je me trompe cependant quand je dis que nous ignorions à quel parti vous apparteniez ; vous aviez pris soin, quelques semaines avant, de nous l'apprendre vous-même. « Je fais appel à tous les hommes de tous les partis, disiez-vous dans votre proclamation du 17 août aux habitants de Paris, n'appartenant moi-même, on le sait dans l'armée, à *aucun autre parti que celui de la France.* »

Ce parti est toujours le meilleur, général, en quelque temps que ce soit, mais à l'heure où vous écriviez ces lignes, il était le seul auquel il convînt à un homme de cœur d'appartenir. Nous étions capables de le comprendre et c'était également le nôtre. La Vendée en a donné la preuve !

Au moment où vous rédigiez cette proclamation, l'empire était encore debout, et cependant vous n'y parliez ni de l'empereur, ni de l'impératrice régente, ni de l'empire. Silence éloquent dont la signification n'avait échappé à personne ! C'était à d'autres évidemment qu'il appartenait de prendre, dans l'intérêt de la dynastie, des mesures auxquelles vous étiez certainement tenu de vous associer dans la limite de vos attributions, mais qui ne constituaient que la partie accessoire de votre rôle. Ce n'était point le salut de l'empire dont vous preniez charge, c'était le salut de Paris vers qui marchait déjà une armée prussienne. Ceux-là l'ont oublié sans doute qui vous accusent aujourd'hui d'avoir surpris la confiance du gouvernement impérial par les déclarations ampoulées de je ne sais quel dévouement emphatique.

Je comprends peu, je l'avoue, ces déclarations, et le récit que l'on en fait me paraît suspect. Vos accusateurs n'ont-ils pas écrit que, « dès le 2 décembre 1851, aide-de-camp du général Saint-Arnaud, ministre de la guerre, vous aviez été l'un des collaborateurs en sous-ordre du coup d'Etat ? » Quand on a donné au gouvernement impérial des gages tels qu'un Fleury ou un Palikao aurait pu seul en fournir, on s'explique mal que l'on soit obligé d'élever aussi haut la voix devant la souveraine, au risque de fausser la note.

J'entends bien que l'on me dit que ces protestations vous auraient été dictées par le besoin impérieux de rassurer l'impératrice et le ministère. Mais cette explication me satisfait peu, pour raisons majeures. Il me devient impossible alors de concilier les défiances que l'on avoue avec les liens anciens que l'on vous prête.

Il me semble difficile, en effet, d'échapper à ce dilemme : ou vous étiez le fidèle que l'on dit et votre passé vous dispensait d'un luxe superflu de protestations sonores, ou vous n'aviez jamais « collaboré » avec l'empire et vous n'aviez envers lui aucun de ces engagements personnels que l'on vous accuse d'avoir trahis à la dernière heure.

Il est, du reste, une vertu que personne ne conteste à l'empire, celle de la reconnaissance. Tout le monde s'accorde à rendre cette justice à Napoléon III, qu'aucun de ceux qui se sont attachés à sa personne ou à sa dynastie ne serait fondé à l'accuser d'ingratitude. Ni les Morny, ni les Saint-

Arnaud, ni les Persigny, ni les Rouher, ne passent, si je ne me trompe, pour avoir été maigrement récompensés de leurs services. Et quand on voit un Frossard mériter d'être mis à la tête d'un corps d'armée destiné dans la pensée du maître à faire une entrée triomphale à Berlin, qui donc pourrait croire qu'un Trochu eût été commis à la garde dérisoire des Pyrénées, s'il eût montré un dévouement égal ?

Ici je me retourne vers mes amis de la Vendée et je les interroge : est-il un seul d'entre eux qui eût, je ne dis pas prononcé votre nom, mais toléré qu'on le prononçât devant lui, à l'heure où la folie d'un Napoléon avait amené pour la troisième fois l'ennemi en France, si vous eussiez été l'un des violateurs de l'Assemblée nationale, l'un des complices du 2 décembre, l'un des serviteurs de la dynastie napoléonienne, l'un des fidèles de l'empire ?

Mais qu'ai-je à faire de poser cette question et qui doute de la réponse ?

Si nous vous avions choisi pour être notre représentant, général, c'est que nous connaissions la fière attitude que vous aviez gardée vis-à-vis l'empire et dont on voudrait en vain vous ravir aujourd'hui le bénéfice et l'honneur. Quand tant de gens avaient courbé le front et fléchi le genou, il n'était que trop facile de remarquer ceux qui se tenaient debout, la tête haute !

Vous étiez l'un de ces rares élus de la dignité et de l'indépendance, j'en prends à témoin la France entière : j'en atteste du moins ceux des Français, nombreux encore. à qui le grand cataclysme de 1870 n'a pas fait perdre la mémoire !

L'indépendance du caractère et la dignité de la conduite n'étaient cependant pas les seules vertus que nous avions eu à cœur d'honorer en vous, bien qu'elles eussent suffi à vous mériter nos suffrages. Nous connaissions aussi la fermeté de vos convictions religieuses qui sont les nôtres. Enfant d'une chevaleresque et pieuse contrée qui n'a rien à envier à la Vendée et qui partagera avec elle l'admiration et les respects de la postérité, nous savions que vous étiez fidèle à la foi des aïeux, comme nous le sommes. Catholique comme ce Bugeaud dont vous aviez été l'aide-de-camp, l'élève et l'ami ; comme ce Bedeau que les foudres impériales n'ont pu vous détourner d'aller saluer une dernière fois à son lit de mort; comme ce La Moricière sur la tombe duquel vous êtes allé déposer le triple adieu, « du chrétien, de l'homme de guerre et du Breton, » vous étiez digne de figurer sur le glorieux état civil d'un pays qui a fourni tant de serviteurs et tant de héros à la sainte Eglise Romaine.

Vous méritiez encore cet honneur pour d'autres qualités qu'il n'est pas ordinaire de trouver réunies dans un seul homme, aujourd'hui moins que jamais : intégrité des mœurs, pureté de la vie, noblesse du caractère, désintéressement, loyauté et droiture. Telles étaient, en effet, les rares vertus que nous avions cru reconnaître en vous, et j'ose affirmer que personne en France n'eût songé à vous les contester à l'heure où nous acclamions votre candidature.

Faut-il donc croire aujourd'hui que toute la France s'était trompée et que nous nous sommes trompés avec elle ?

Faut-il admettre que vous aviez su si bien attacher le masque de l'hypocrisie sur votre figure, que vous avez pu escroquer pendant vingt ans l'estime générale et la confiance publique? D'aucuns le disent qui ont le verbe haut et de qui le geste est plein d'assurance. Ils affirment sur leur honneur que vous avez failli à l'honneur et ils donnent leur parole que vous avez manqué à la vôtre. Ils jurent que le devoir, qui fut leur dieu, n'a jamais été votre idéal. Ils déclarent que vous n'avez eu d'autre culte que celui de votre misérable et ambitieuse personnalité, et ils ajoutent qu'il n'est pas de sacrifices infâmes que vous n'ayez faits sur cet impur autel. Ils vous reprochent, ainsi qu'il convient à des gens qui ont la conscience pure et dont le passé est irréprochable, d'avoir foulé aux pieds tout ce qu'il y a de plus sacré au monde et tout ce qui mérite le respect des hommes. Ils vous traitent comme une *foi mentie,* ils vous signalent comme un félon, ils vous stigmatisent comme un parjure, et si les accusations

dont ils se portent garants contre vous
sont vraies, il ne reste plus un seul lam-
beau de votre vieil honneur et de votre
ancienne renommée. Hier encore digne
de tous nos respects, aujourd'hui digne
de tous nos mépris, et bon tout au plus,
comme autrefois l'ilote pris de vin, pour
inspirer aux générations qui s'élèvent, le
dégoût de la trahison et l'horreur de
l'hypocrisie !

Je n'exagère pas l'accusation ; je la
constate. Et à ceux qui me diraient qu'il
est impossible que je n'en force pas la por-
tée, je demande ce qu'il faudrait penser
d'un catholique qui a été comparé à Judas,
d'un citoyen qui a été comparé à Tartufe,
d'un Français qui a été comparé à Liborio
Romano, d'un soldat qui a été comparé à
Tropmann ! Je déclare pour ma part que
si ces effroyables assimilations sont exac-
tes, il n'y a qu'un seul châtiment à vous
appliquer ; c'est de rayer votre nom, non-
seulement sur cet état civil de la Vendée
dont je parlais tout à l'heure, mais encore
sur celui de la France que vous déshonorez.

Mais je déclare en même temps, général,

que ce n'est pas ma main qui vous fera cette injure et qui commettra cette iniquité, car aussi bien je n'espère pas pouvoir contenir plus longtemps le cri de ma conscience indignée et de mon jugement en révolte! Il me serait insupportable que l'on puisse me croire un seul instant assez dénué de bon sens pour être dupe de cette méprisable comédie ou assez dépourvu de bonne foi pour participer à ce honteux complot. Quelle idée vos accusateurs se font-ils donc de l'intelligence du public, qu'ils espèrent avoir si facilement raison d'une réputation aussi pure que la vôtre et d'une renommée aussi haute ? Quels que soit le trouble des esprits et l'acharnement des passions politiques, ah! je doute qu'ils réussissent à faire croire aux honnêtes gens qu'après avoir été capable de tant de vertus pendant tant d'années, vous ayez pu commettre tant de lâchetés dans un seul jour !

Ils ont si bien compris eux-mêmes les difficultés de cette tâche ingrate, que nous les avons vus fouiller avec un acharnement sans pareil dans les coins les plus reculés de votre existence. Quelles découvertes y ont-ils fait qui en altère la pureté ? Aucune. Où est là tache ? quelle est la tare ? ou si l'on aime mieux que j'emploie la langue familière au journal où M. Vitu tient la plume contre vous, *où est le cadavre ?* Ils n'ont pu le trouver malgré leur flair.

Toutes leurs perquisitions n'ont eu d'autre résultat que de donner un nouveau relief à la parfaite unité d'une vie sévère, loyale et probe jusque dans les moindres détails, où il n'est pas impossible de trouver des défauts sans doute, mais où l'on ne découvre pas une seule lacune.

Il suffit déjà d'avoir mis en regard de ce passé les monstrueuses accusations lancées aujourd'hui contre vous, pour leur enlever toute valeur et les confondre. Je ne m'arrêterai pas cependant sur le seuil du débat, après avoir annoncé que je pénétrerais dans l'enceinte. Et puisque l'on vous accuse d'avoir failli au 4 septembre 1870 à vos devoirs envers l'empire et à vos devoirs envers la France, je veux examiner quels étaient ces devoirs et de quelle façon vous les avez remplis.

II

J'ai rappelé tout à l'heure l'indépendance que vous avez su garder vis-à-vis
l'empire et je vous ai donné à ce propos un
tribut d'éloges que je n'ai point à repren-
dre. Il n'est pas inutile cependant que je
m'explique : car la langue française, jadis
si claire et si précise, se ressent elle-même
de l'effroyable confusion qui a envahi le
domaine de l'esprit et de la conscience.
Les mots les plus simples n'ont pour ainsi
dire plus de valeur fixe! Chacun leur attri-
bue, de nos jours, pour la commodité de
ses intérêts ou la satisfaction de ses passions, une signification particulière, et
comprend d'une façon différente les idées
auxquelles ils correspondent. Combien de
gens pour qui le mot d'obéissance n'a plus
d'autre sens que celui de servilité et de
platitude! Combien d'autres, en revanche,
pour qui le mot d'indépendance est devenu le synonyme plus ou moins affaibli
de l'hostilité ou de la révolte!

A Dieu ne plaise que ces définitions deviennent jamais les miennes ! Je serais inexcusable d'avoir voulu vous faire honneur, sous le couvert de ce beau mot d'indépendance qui sonne si noblement aux oreilles des gens de cœur, de sentiments secrètement hostiles au gouvernement que vous serviez. Ce que j'appelle indépendance, c'est une certaine tenue de l'âme, inséparable de la fièreté du cœur et de la droiture de l'esprit, qui est aussi exclusive de la révolte que de la servilité. Cette tenue était la vôtre, mais elle n'avait rien d'inconciliable avec les devoirs que vous aviez envers l'empire, en votre qualité d'homme d'épée, et auxquels nul plus que moi ne vous blâmerait sévèrement d'avoir manqué.

Je crois fermement, en effet, que l'homme qui a l'honneur de porter l'épaulette est tenu rigoureusement au respect et à la défense du gouvernement établi, quelles que soient ses origines. Cette obligation blesse-t-elle sa conscience ? qu'il dépouille l'uniforme et renonce à l'épaulette ! C'est le seul moyen que je lui reconnaisse de recouvrer honnêtement sa liberté d'action pleine et entière.

La honte des trahisons militaires a été, Dieu merci, épargnée à la France, malgré les révolutions qui se sont succédé. C'est le grand honneur de l'armée française de n'avoir offert, au milieu de nos discordes civiles, aucun de ces lamentables exemples qu'un pays voisin ne cesse, depuis quarante ans, de donner au monde, à la grande humiliation de tous ceux qui ont pratiqué la noble profession des armes. Ni la chute de Louis-Philippe, ni celle de Charles X, n'ont été précédées de ces défaillances de l'épée dont le déshonneur rejaillit sur une armée tout entière. Il en a été ainsi de celle de Napoléon III, et je plains ceux qui ont le triste courage d'affirmer le contraire. C'est aller trop loin que de préférer la satisfaction de ses haines à l'honneur de son pays.

Si vous aviez déshonoré l'armée, général, vos compagnons d'armes n'eussent certainement pas attendu le jugement de douze bourgeois de Paris, pour faire justice du traître !

Mais où sont dans l'armée les mains loyales qui refusent de serrer la vôtre ? Quelles sont les voix qui prononcent votre nom avec cet accent de mépris si terrible dans une bouche honnête et si grotesque dans les autres ? Quels sont ceux de vos camarades d'Afrique, de Crimée et d'Italie qui en vous voyant passer se détournent de votre chemin en disant : Celui-là est indigne de porter l'uniforme ? Et s'il n'y en a pas, que viennent faire ces écrivains et ces avocats qui parlent avec tant d'emphase, au public, de « votre dégradation morale ? » La dégradation morale, ah ! si vous l'aviez méritée, vos pairs se seraient chargés de vous l'infliger avant personne. Je ne suppose pas que les gens de plume qui vous méprisent aient plus de souci de l'honneur militaire que les gens d'épée qui vous estiment.

Pour moi qui n'apporte ici d'autre passion que celle de la justice, je cherche en vain, dans les dépositions des nombreux témoins cités contre vous, comme dans les fougueuses plaidoiries des habiles avocats de vos ennemis, je cherche en vain, dis-je, la preuve d'une trahison aussi infâme.

A quelle conspiration vous a-t-on vu mêlé ? Où sont les conciliabules, où sont les menées, où sont les intrigues ? Y a-t-il un seul régiment dont vous ayez essayé d'ébranler la fidélité ? Nomme-t-on un seul officier à qui vous ayez tenu le langage de la défection ? Etrange chose que cette conspiration militaire qui s'ourdit entre un général et des civils sans qu'on cherche à mettre la main sur les troupes et sur leurs chefs.

Mais j'oublie qu'après avoir lancé contre vous, dans la presse, une accusation d'autant plus terrible qu'elle était moins précise, vos ennemis ont été contraints, quand il a fallu en venir à la discussion devant un tribunal, d'abandonner, faute de preuves, ce grief imaginaire d'une conspiration dans laquelle ils ne pouvaient vous trouver un rôle actif.

C'est d'une trahison *passive*, je ne trouve pas de mot qui peigne mieux la chose, qu'ils vous accusent. Ce n'est plus d'avoir perdu l'empire que vous seriez coupable, mais bien de n'avoir rien fait pour empêcher sa chute.

C'est ainsi que plus on a serré le débat de près, plus on l'a vu s'amoindrir.

Je n'hésite pas à déclarer toutefois que, circonscrit même dans ces étroites limites, le reproche que l'on vous fait suffit encore à vous déconsidérer, s'il peut être justifié. Si vous avez eu entre les mains les pouvoirs nécessaires pour défendre le Corps législatif contre l'émeute et les Tuileries contre le peuple, vous êtes inexcusable de n'en avoir pas usé.

Ces pouvoirs, les aviez-vous ? Tout est là, et me voici arrivé au cœur même du débat.

J'admire ici la légèreté avec laquelle on est habitué à juger en France. Avant le procès que vous avez intenté au *Figaro*, personne n'avait songé à s'enquérir d'un point aussi capital : et ceux qui, sur la foi de M. Vitu, admettaient que vous aviez trahi l'impératrice, étaient très-naïvement convaincus que les forces présentes à Paris au moment du 4 septembre étaient à votre disposition et sous vos ordres.

Eh bien ! ils s'étaient trompés ; c'est du ministère de la guerre que les troupes relevaient et non du gouverneur de Paris. Après les dépositions des généraux cités devant la cour d'assises de la Seine, il n'est plus permis à personne de le contester.

C'est d'abord le général Soumain qui dit :

« Le 3 septembre, *dans la prévision des troubles*, je pris, sur *l'ordre du ministre de la guerre*, les dispositions nécessaires pour protéger le Corps législatif ; *je crus devoir en informer* le gouverneur de Paris. Je devais recevoir les ordres par le gouverneur ; je lui écrivis une lettre. Je possède la lettre de la main du ministre de la guerre, qui me dit de *n'agir que sur ses ordres et de ne recevoir d'ordres que de lui*. »

Et plus loin :

« Je recevais du ministère toute la correspondance, tous les ordres de service. »

Et plus loin encore :

« Tous mes rapports, contenant les événements du jour, étaient envoyés tous les matins au ministre de la guerre. Je crois que c'était une irrégularité. »

Le général de Malroy fait une déposition semblable :

« J'étais chef d'état-major du 8ᵉ corps. Mes ordres venaient *directement* du ministère. Je n'ai pas à apprécier les relations entre le gouverneur et le ministère. »

Et il ajoute :

« Je constate que les ordres ne passaient pas par le gouverneur. Le 3 septembre, au matin, vers dix heures, en arrivant chez le général Soumain, il me communiqua *un ordre du ministre relatif aux mesures à prendre pour l'ordre intérieur dont le gouverneur*, disait-il, *n'était pas chargé.*

« Le 4, nouvelle lettre du ministre qui, ne trouvant pas les mesures prises suffisantes, demandait l'emploi d'un régiment de gendarmerie. »

Et il termine en disant :

« Le général Caussade commandait les forces au Corps législatif, et il a reçu les ordres *directement* du ministre de la guerre. »

Si ces autorités ne suffisent pas, j'en ai

une autre. C'est une lettre, lue à l'audience
par M. le président, en vertu de son pouvoir discrétionnaire. Elle porte la date du
3 septembre, et est adressée au général
commandant la 1re division de la place de
Paris, par le général comte de Palikao,
ministre de la guerre et chef du cabinet.

La voici :

« Mon cher général,

« Je sais d'une source certaine qu'une
manifestation se prépare pour ce soir dans
Paris.

« *Cette affaire étant entièrement en dehors de la défense de Paris*, veuillez me
faire savoir *directement* les mesures que
vous avez prises pour assurer la tranquil-
lité publique ; vous recevrez également
*mes ordres directs pour la répression des
désordres* s'il s'en produit.

« Le général Mellinet sera également
prévenu par moi qu'il sera à votre disposition avec les dépôts de la garde.

« Agréez, mon cher général, la nouvelle assurance de mes sentiments respectueux et de haute considération.

« Le ministre de la guerre,

« Comte DE PALIKAO. »

A M. le général commandant la 1ʳᵉ division de la place de Paris.

Et Mᵉ Allou ajoute : « De même que les mesures pour la défense du Corps législatif étaient prises en dehors du gouverneur, de même il en était de celles prises pour la défense des Tuileries. »

Après avoir entendu ces dépositions, après avoir lu cette lettre, je comprends, général, que vous n'ayez pris aucune disposition pour empêcher la révolution du 4 septembre : le général Palikao en donne une raison qui vaut pour vous la plus éloquente des défenses : « les manifestations étaient *entièrement* en dehors de la défense de Paris ! » Voilà qui définit nettement vos attributions réciproques. A vous le soin de mettre la capitale en état de résister aux Prussiens ; au ministère celui de veil-

1***

ler au salut du gouvernement et de la dynastie.

Mais en définissant les attributions, on a défini aussi les responsabilités, et, je le demande maintenant aux hommes de bon sens et de bonne foi, quelle peut être la vôtre dans la chute de l'empire?

C'est au général de Palikao et non à vous, que les bonapartistes doivent en demander compte.

Cependant je ne veux point être injuste pour le général de Palikao, et bien que je ne voie pas qu'il ait massé autour du Corps législatif et des Tuileries, les troupes dont il s'était réservé la disposition, je n'hésite pas à dire qu'il était tout aussi impuissant que vous, général, qui n'aviez pas un seul bataillon sous vos ordres, à prolonger après le désastre de Sedan l'existence de l'empire. L'agonie avait commencé le 5 août; le 1er septembre devait achever le malade.

« Le 3 septembre, dit M. Hervé, directeur du *Journal de Paris*, dans sa déposition devant la commission parlementaire, quand on a appris le désastre de Sedan, tout le monde était convaincu que l'empire était perdu. La question était de savoir comment se ferait la révolution, par le Corps législatif ou par une insurrection. »

Tel est aussi l'avis d'un journal impérialiste, la *France*, qui, au lendemain du 4 septembre, contenait ces lignes remarquables :

« L'empire avait sombré sans retour dans le désastre qui a vu le territoire national à la merci de l'ennemi. Depuis le 6 août il n'existait plus qu'à l'état de fiction, soutenu par le seul désir de ne point compliquer d'une question intérieure les calamités du moment. La funeste et incompréhensible capitulation de Sedan devait irrévocablement en marquer la dernière heure. »

Dans les bureaux du Corps législatif on pensait exactement comme dans les bureaux de la *France*.

Ecoutez la déposition de M. Thiers dans l'enquête :

« La majorité, comprenant que c'en était fait de l'empire, nous disait : Il faut éviter une révolution nouvelle ; notre honneur ne nous permet pas de voter la déchéance, *mais nous ne demandons pas mieux qu'on nous fournisse le moyen de la prononcer définitivement sans employer le mot.* »

Et M. de Palikao écrit de son côté :

« Pendant que nous délibérions, plusieurs députés me firent prier de passer dans la salle attenante au salon du président. Je me rendis au désir de ces messieurs, et alors, au nom de la majorité des députés, *ils me firent la proposition de prendre la dictature pour sauver la position.* »

C'est alors, dit Mᵉ Allou dons sa belle plaidoirie, que le général Palikao montait à la tribune dans la matinée du 4 septembre, proposant à la chambre la nomination directe d'un conseil de gouvernement avec le général Palikao pour lieutenant général, et le projet présenté ne porte même pas de signature. Qu'était donc devenue la régente ?

La femme restait encore aux Tuileries ; la souveraine avait déjà disparu dans le gouffre où s'était engloutie la fortune de la France !

Je viens de dire quelles étaient les impressions dans l'intérieur de Paris : au dehors elles étaient les mêmes. Je demande à ceux qui me lisent de se reporter par la pensée au matin de ce dimanche à jamais néfaste où la province apprit que l'armée française venait d'être faite prisonnière à Sedan avec l'empereur; le premier moment de stupeur passé, un seul cri sortit de toutes les poitrines : « C'en est fait de l'empire ! » Et dans toute la France, comme à Paris, la seule question fut de savoir si la révolution se ferait par le Corps législatif ou par l'insurrection.

Quand les faits sont si palpables, quand les souvenirs sont si récents, il faut en vérité être doué d'une hardiesse rare pour s'écrier avec le journal *l'Ordre*, dont le directeur politique faisait partie du dernier cabinet impérial : « La défection du général Trochu a été la seule cause de la chute de l'empire. »

Je doute que cette singulière façon d'expliquer le 4 septembre soit acceptée par l'histoire.

La chute de l'empire est due à d'autres causes qu'il ne lui sera pas difficile de connaître. Né de la force et appuyé sur la force, il ne pouvait fuir sa destinée qui était de disparaître le jour où lui manquerait la force. Il a subi le sort des gouvernements de hasard qui ne peuvent vivre qu'à condition d'être heureux, et qui sont condamnés à périr aussitôt que la fortune les abandonne. Nous pourrions en citer des exemples, sans chercher ailleurs que dans l'histoire des Bonaparte !

Bien différente est la destinée des dynasties véritablement nationales ! La victoire peut leur être infidèle sans que leurs peuples les rejettent. Elles font corps avec la nation, qui tombe et qui se relève avec elles.

Il en a été ainsi en France pendant des siècles, nos pères partageant fidèlement avec leurs souverains les épreuves aussi bien que la gloire. Deux fois l'ennemi vainqueur se fit un trophée de leurs rois trahis par la fortune de la guerre ; ils les rachetèrent à prix d'or pour les replacer sur le trône !

Je sais bien que ces princes avaient déployé des vertus qui justifiaient ce grand attachement qu'ils avaient pour leurs personnes. C'est de Jean II, fait prisonnier à Poitiers, sans casque, blessé au visage et environné de morts, c'est de Jean II qu'on a pu dire : « Si la bonne foi était exilée du reste de la terre, on la retrouverait dans le cœur d'un roi de France. » Je n'ai pas entendu dire qu'on ait jamais parlé ainsi d'un Bonaparte. Quand François Ier rendit à Pavie le tronçon de sa glorieuse épée, il avait tué sept hommes de sa main et il put s'écrier : « Tout est perdu, fors l'honneur. » Quand Napoléon III rendit son épée à Sedan, elle était vierge !

Mais il ne suffit pas de cette disproportion entre les souverains pour expliquer la différence des événements. La cause en est plus haute et c'est celle que j'indiquais tout à l'heure. Si Jean II et François Ier purent perdre leur liberté sans perdre leur couronne, c'est parce qu'ils appartenaient à une dynastie profondément enracinée dans le sol de la France. Napoléon III n'était que campé parmi nous et un seul coup de vent devait suffire pour emporter la tente.

III

J'évoquais tout à l'heure, à propos du 4 septembre, des souvenirs que le temps n'a point affaiblis encore. Je me reporte de nouveau à cette époque pour ressaisir sur le vif les impressions du public quand il apprit que « le général Trochu, gouverneur impérial de Paris le matin, était, le soir, Président du gouvernement de la défense nationale. »

Quelqu'un pensa-t-il à s'en étonner ? s'éleva-t-il un seul cri de blâme ! S'il y a eu un seul journal, même parmi ceux qui étaient le plus étroitement liés à l'empire, pour vous accuser de défection, qu'on me le nomme !

Ni un journal, ni un homme ! La conscience publique ne se sent pas froissée ;

les plus exigeants en fait d'honneur ne font pas entendre un murmure ; la pudeur des honnêtes gens n'est pas blessée. Singulière défection accomplie à ciel ouvert avec la France entière pour témoin, et qui ne cause aucun scandale, qui n'éveille aucune émotion pénible !

Si l'on ne s'est pas ému, c'est qu'il n'y avait pas lieu de s'émouvoir. Il n'y a pas eu défection, il n'y a pas eu volte-face. C'est à l'Etat que toute votre vie avait appartenu et vous ne teniez à la dynastie qui venait de disparaître que par les liens de l'obéissance militaire et de la discipline.

Elle n'a donc aucun droit à vous réclamer aujourd'hui, pour vous demander compte des fonctions que vous avez acceptées le jour même de sa chute. Vos devoirs envers l'empire avaient fini avec l'empire. Il avait disparu sans que vous ayez rien pu faire pour le sauver : votre conscience n'avait rien à se reprocher et vous étiez libre.

Libre ! non, vous ne l'étiez pas. Seul de tous ceux de nos généraux en qui l'armée et le peuple avaient confiance, vous restiez à la disposition de Paris, et Paris dont vous aviez déjà préparé la défense, Paris qui n'était plus qu'à treize jours de marche de l'armée prussienne : Paris avait le droit de vous prendre. Que vous eussiez préféré vous placer dans un rang obscur au milieu de la foule des combattants, je n'en doute point, car on ne vit jamais fardeau si lourd que celui dont on voulait charger vos épaules ; mais il ne s'agissait ni de vos préférences, ni de vos intérêts ; il s'agissait de devoir, de dévouement et de sacrifice. Vous l'avez compris, général, et sans plus longtemps regarder en arrière vous vous êtes jeté dans le gouffre !

« A l'heure où les affaires de la France prirent une tournure calamiteuse, écrivait il y a quelques jours un historien éminent, qui est aussi un homme de cœur, un honnête et vaillant homme laissa mettre sur ses épaules un fardeau qui devait l'écraser et que les plus forts n'auraient pas pu porter. Il fut moralement contraint de se placer à la tête d'un nouveau gouvernement pour contenir, apaiser et préserver. Il fut chargé de soutenir un effroyable siége, avec la conviction profonde et douloureuse que la résistance serait inutile. »

Ces paroles de M. Poujoulat n'ont fait que devancer le jugement de l'histoire.

Je n'ai pas à examiner ici s'il vous était possible de tirer, au point de vue de la défense de Paris, un meilleur parti de la situation qui vous était faite, et encore moins veux-je discuter la valeur des reproches que l'on vous adresse. Ce n'est pas de la conduite des opérations militaires qu'il s'agit dans ce débat, mais de votre loyauté et de votre honneur. Je me permettrai cependant de faire à ce propos deux courtes réflexions dans l'intérêt de votre cause et de la justice.

La première est celle-ci, que je soumets à l'appréciation des gens du métier avec une pleine confiance : c'est que l'on n'a jamais vu, en aucun temps, une ville investie rompre avec ses seules forces le cercle qui l'enfermait, quelles que fussent la vaillance de ses défenseurs et l'intelligence de leurs chefs. Paris ne pouvait échapper à la loi commune. Il devait en être ainsi, malgré son incomparable valeur, de l'armée du Rhin, refoulée sous les murs de Metz. J'ignore ce que le maréchal Bazaine aurait pu faire le 17 août pour éviter ce fatal retour ; mais aucun homme de guerre ne me démentira si je dis que du jour où le cercle fut formé autour de ses troupes, il n'était plus possible qu'elles se dégageassent sans un secours extérieur. Il ne manque pas de guerriers de cabinet et de café qui me répondront d'un ton tranchant qu'avec de l'*élan* on peut tout faire. Ridicules déclamations qui n'ont rien à voir avec les règles inflexibles d'un art qu'ils ignorent !

Mais le rôle d'une place assiégée n'en reste pas moins considérable, au point de vue de l'ensemble des opérations militaires, et c'est la seconde réflexion que je voulais faire. En immobilisant autour de ses murs des forces nécessairement importantes et proportionnelles à l'étendue de la ville investie, au nombre et à l'énergie de ses défenseurs, ainsi qu'à la valeur de ses ouvrages de défense, elle laisse aux armées de secours le temps de se reformer ou même de se former, si d'autres circonstances ne les en empêchent.

La place de Paris, dont la défense vous était confiée, a-t-elle suffisamment rempli ce rôle : je veux dire rempli ce devoir ? Oui, assurément, et je puis dire même que la longueur de sa résistance a dépassé toutes nos espérances. Au moment où elle fut investie, beaucoup ne supposaient pas qu'elle tînt plus d'un mois, les plus hardis lui accordaient jusqu'à six semaines ; personne n'avait prévu qu'elle ne céderait qu'après quatre longs mois d'une défense opiniâtre ; encore n'est-ce pas à la force qu'elle s'est rendue, mais à la famine. Eussiez-vous fait toutes les sorties que l'on vous demandait et même cette fameuse *sortie torrentielle* des derniers jours, que vous n'eussiez pas reculé d'une heure la catastrophe finale, car il vous était tout aussi impossible de franchir les lignes ennemies que de vous procurer la seule chose qui vous manquât : du pain et des vivres !

Cette page de la guerre de 1870 qui s'appelle le siége de Paris a fini par une capitulation inévitable. Elle n'en est pas moins une des plus belles de notre histoire : bien que nous fassions aujourd'hui tout ce qu'il est en notre pouvoir pour en diminuer le mérite. Jamais le monde n'avait assisté à un spectacle plus grandiose, et qui fût plus assuré de fixer l'admiration des siècles à venir.

Ah ! Paris a fait bien du mal à la France et les horreurs du 18 mars n'ont succédé que trop tôt pour sa gloire à cet immortel épisode, mais quand je songe à l'héroïsme déployé pendant ces quatre longs mois, je sens tout le prix d'une résistance qui a jeté tant d'éclat sur une des plus sombres périodes de l'histoire de ma patrie et je m'incline avec reconnaissance.

Oui, je vous salue, vous qui avez tenu si haut et si longtemps devant l'ennemi le drapeau humilié de la France ! Je vous salue, vous qui avez déployé tant de fermeté d'âme devant la mort et devant la famine ! Je vous salue, vous qui vous êtes si promptement familiarisés avec les sublimes horreurs de la guerre, que les

obus s'écrasant sur la façade de vos de-
meures n'ébranlaient point votre résolu-
tion et ne troublaient pas vos cœurs ! Je
vous salue, habitants et défenseurs de
Paris, pour votre stoïcisme devant les pri-
vations et pour votre énergie devant les
périls. S'il y a eu parmi vous des scélérats,
des insensés et des lâches, je l'oublie vo-
lontiers pour ne me souvenir que des ma-
gnanimes, des dévoués et des braves.

Je vous salue aussi, vous qui dormez autour de Paris, couchés dans des tombes san-
glantes : nobles victimes de Champigny, de
Montretout, de la Maison-Blanche et de cent
autres rencontres : Baroche, Dampierre,
Franchetti, Regnault, Saillard, Blaise et
tant d'autres ! Que m'importe le parti
auquel vous apparteniez pendant votre vie ?
Ceux qui sont tombés sur le champ de bataille appartiennent désormais à la France !

Je vous salue aussi, général, car il serait
étrange que vous fussiez, de tous les défenseurs de Paris, le seul que l'on oubliât dans
le partage de cette gloire ! Il serait injuste
de vous attribuer tout l'honneur ; mais il
serait inique de vous en dérober votre part.

IV

A vrai dire, personne n'y eût jamais songé, n'eussent été les besoins d'un parti qui cherche à préparer sa revanche. Vos ennemis ne sont pas si hauts, en effet, qu'on ne puisse voir l'empire par-dessus leur tête.

Ils sont bien aises sans doute de vous faire expier durement certaines franchises de langage et certaines appréciations sévères. Cependant, dans la campagne engagée contre vous, ils apportent plus de calcul que de haine. Ce n'est point uniquement dans l'espoir de vous déshonorer, croyez-le bien, qu'ils attribuent la chute du gouvernement impérial à la « seule défection d'un général. » Ils ont des desseins plus vastes et leurs visées sont plus hautes. C'est la réhabilitation de l'empire qu'ils entreprennent à vos dépens. Il s'agit de remplacer l'histoire par une légende.

Les Français s'habituaient à croire que l'empire s'était écroulé sous le poids de ses fautes. Ils en faisaient fréquemment la revue, qui était longue : à partir du péché originel du 2 décembre faiblement lavé dans le baptême des plébiscites, jusqu'à la guerre de 1870, entreprise d'un cœur léger pour réparer les erreurs d'une politique plus légère encore ; sans oublier ni l'expédition du Mexique dont, après la mort de M. de Morny et de M. Jecker, il est convenable de parler discrètement ; ni l'unité italienne dénoncée à la tribune par la voix prophétique de M. Thiers comme la « mère de l'unité allemande, » au milieu des rires de la Chambre ; ni la fameuse théorie des trois tronçons , glorieuse trouvaille d'un ministre d'Etat dont les angoisses patriotiques se calmaient à bon marché ; ni bien d'autres encore dont le catalogue est trop long pour trouver ici sa place, mais qui formaient un total assez formidable pour expliquer d'une façon logique la chute du gouvernement impérial. Il ne leur était point difficile de comprendre qu'un gouvernement qui a à sa charge des dettes qui se nomment Castelfidardo, Sadowa, Queretaro et Sedan,

et qui est servi par des commis tels que
M. Rouher, M. Ollivier et M. Lebœuf, devait nécessairement finir par une épou-
vantable banqueroute.

Ces dispositions du public étaient fâcheuses, car il y avait peu d'espoir, si on
ne trouvait le secret de les modifier de
fond en comble, qu'il consentît jamais à
se confier de nouveau à un gouvernement aussi radicalement incapable. C'est
alors qu'il parut habile de choisir, à l'ins-
tar d'Israël, un bouc émissaire sur la tête
innocente duquel on pût rejeter tous les
péchés de l'empire. Ce bouc émissaire,
ce fut vous, général; je suis réellement
fâché de la comparaison, mais je ne sau-
rais qu'y faire.

On ne pouvait espérer, il est vrai, de
persuader au public que c'était vous
qui aviez eu avec Cialdini l'entrevue de
Chambéry où fut accordé l'*exequatur* à l'u-
nité italienne : que c'était vous qui aviez eu
avec M. de Bismarck l'entrevue de Biarritz
où le laisser-passer fut donné à l'unité allemande, contre l'échange d'un de ces bons
billets que Ninon accordait à La Châtre !

On ne pouvait espérer de faire croire aux Français que c'était vous qui, en engageant la guerre avec des arsenaux vides, aviez affirmé qu'elle pouvait durer deux ans sans qu'on eût besoin de faire fabriquer un seul bouton de guêtre ; que c'était vous qui aviez dressé le plan des premières opérations militaires si heureusement conçues comme chacun sait ; que c'était vous qui, guidé par des intérêts dynastiques, aviez forcé l'armée de Mac-Mahon à s'éloigner de Paris pour marcher sur Sedan ; que c'était vous qui aviez écrit à l'empereur, le 17 août 1870 : « L'impératrice me communique la lettre par laquelle l'empereur annonce qu'il veut ramener l'armée de Châlons sur Paris. *Je supplie l'empereur de renoncer à cette idée* (1), » et le 27 août suivant : « Si vous abandonnez Bazaine, *la révolution est à Paris* (2); » que c'était vous qui lui aviez écrit encore : « Je reçois une dépêche de Piétri. Avez-vous réfléchi à toutes les

(1) Dépêche du général Palikao, ministre de la guerre, à l'empereur.
(2) Id.

conséquences qu'amènerait une rentrée à Paris sous le coup de deux revers (1) ? » que c'était vous enfin qui aviez fait à sir John Burgoyne l'aveu suivant si formel, si décisif et si écrasant : « Empêchée par des *considérations politiques,* la marche en arrière a été retardée, puis rendue impossible. Revenu à Châlons, j'ai voulu conduire la dernière armée qui nous restait à Paris, mais là encore des CONSIDÉRATIONS POLITIQUES NOUS ONT FORCÉS A FAIRE LA MARCHE LA PLUS IMPRUDENTE ET LA MOINS STRATÉGIQUE QUI A FINI PAR LE DÉSASTRE DE SEDAN (2). »

Non, on ne pouvait rien espérer de tout cela, mais on avait inventé une manière réellement ingénieuse de vous en rendre en quelque façon responsable, et c'était de dire que l'empire seul pouvait réparer toutes ces fautes et que si votre trahison n'eût amené sa chute, il l'eût fait en temps utile !

Oui, sans la trahison du général Tro-

(1) Dépêche de l'impératrice à l'empereur, papiers de la famille impériale, t. Ier, p. 64.
(2) Lettre de l'empereur à sir John Burgoyne.

chu, le général Palikao, doublé de M. Duvernois et renforcé de M. Rouher, eût repoussé l'armée prussienne au delà de la Meuse, dégagé Bazaine, débloqué Strasbourg, chassé l'étranger hors de France ; en sorte que l'Alsace et la Lorraine nous appartiendraient encore, que nous n'aurions pas eu cinq milliards à payer à la Prusse, et que l'empereur Napoléon III, rendu à l'amour de ses sujets, ferait encore le bonheur de la France, plus grande et plus puissante que jamais !

Assertion audacieuse, qui tient d'un côté au cynisme et de l'autre côté à la folie ! On croit rêver quand on entend de pareilles choses, et l'on pourrait croire en effet que je rêve ; mais je n'ai pas une imagination aussi riche, ou plutôt aussi folle, et si l'on niait que la plume des écrivains impérialistes ait pu se livrer à des divagations aussi monstrueuses, je tiens les preuves entre mes mains et je suis prêt à les produire.

Tels sont les hommes qui vous accusent et tels sont les intérêts qui les y poussent. S'ils ont essayé de coucher votre honneur à terre, il faut qu'on le sache bien, général, c'est pour en faire un marchepied à l'empire !

C'est aux intérêts de l'empire que l'on veut sacrifier votre honneur et ce sont les hommes de l'empire qui sont vos diffamateurs. Il était bon d'établir ces deux points qui restituent au procès que l'on vous intente devant l'opinion publique sa véritable signification politique et qui lui assignent sa valeur morale.

Je ne crois pas d'ailleurs desservir vos intérêts en mettant votre cause en regard de la leur. Je ne sais plus si c'est M° Lachaud ou M° Grandperret qui se plaignait dédaigneusement à l'audience qu'on vous élevât à la hauteur de la dynastie.

Je regrette plutôt pour la dynastie dont on parle qu'elle ne se soit pas élevée à la vôtre.

Elle n'eût rien perdu dans l'estime des hommes à pratiquer les vertus dont votre vie a donné l'exemple !

Je comprends que l'on se plaigne du rapprochement et qu'on repousse le parallèle : ce n'est pas vous, en effet, général, qui pouvez y perdre.

Il en est ainsi des comparaisons que l'on est invinciblement amené à faire entre vous et les hommes qui se sont faits vos accusateurs, au nom de la morale publique qui ne s'attendait guère à les avoir pour vengeurs. Ce n'est point pour vous qu'elles sont fâcheuses.

Je ne veux point user de représailles, je ne veux point confronter leur passé avec le vôtre. Mais je les avertis qu'il est imprudent de tenter avec autant de hardiesse la généreuse colère des hommes de cœur.

Il est un interrogatoire auquel on pourrait les soumettre : il est des questions qu'on pourrait leur adresser, il est des procès qu'on pourrait leur faire, dont il leur serait malaisé peut-être de se tirer sains et saufs.

Que répondraient-ils par exemple au juge qui leur demanderait ce qu'ils faisaient au 4 septembre ? Où étaient-ils à l'heure suprême où s'effondrait le gouvernement dont ils faisaient partie et où tombait la dynastie qui les avait comblés de faveurs ? Je suis en droit de demander à ceux qui vous reprochent d'avoir manqué à vos de-

voirs envers l'impératrice, s'ils n'en avaient
pas de plus impérieux encore, et de voir de
quelle façon ils les ont remplis. Votre ab-
sence du palais des Tuileries à l'heure où
l'émeute en força les portes, les étonne et
les scandalise ! Je suis bien plus surpris encore et bien plus scandalisé de la leur.

Où étaient-ils au moment du danger ? Où
étaient-ils au moment de la chute ? Où
étaient-ils à l'heure du départ ?

Quand le moment fatal a sonné où il faut
que la régente sorte du palais envahi par
le peuple, je cherche en vain autour d'elle
les chambellans, les familiers et les mi-
nistres, je ne vois qu'un huissier de service et un dentiste !

« Un monsieur qui s'est dit sous-
conservateur du palais de Saint-Cloud au
4 septembre et secrétaire du général Lepic,
écrivait le lendemain du 4 septembre un
journal de Paris, restait seul au palais ;
il a remis à M. Ravenez, garde mobile,
une clef qui lui a permis de pénétrer dans les
appartements réservés où il est entré seul.

« Le secrétaire du général était fort
ému. — Ah ! monsieur, s'écriait-il, c'est af-

freux ! *Cette pauvre impératrice, comme on l'a lâchement abandonnée ! Tous ces gens qu'elle gorgeait d'or l'ont laissée seule !* »

Le mot est cruel et je ne le prends pas à ma charge. J'en laisse la responsabilité au journal où je le trouve.

C'est celui-là même où M. Vitu vous insulte aujourd'hui, sur commande !

V

Vous avez touché, en quelques mois, général, aux deux extrémités des réputations humaines. Vous avez eu vos jours de popularité, bientôt suivis des jours d'opprobre. Il fut un moment où votre place était au Capitole, parmi les meilleures : on vous a vu depuis au bas de la roche Tarpéienne à côté des plus indignes. Encore la comparaison est-elle défectueuse en un point très-sensible. Quand on arrivait au bas de la roche Tarpéienne, on était mort et ce n'est rien que de mourir. Votre supplice a été plus cruel. C'est sur votre renommée et non sur votre vie que vos ennemis ont porté des mains violentes : c'est sur votre réputation qu'ils se sont rués; c'est le cadavre de votre honneur qu'ils ont mis sur la claie pour le traîner aux gémonies.

Ce spectacle est indigne. Il attriste mon esprit, révolte ma conscience, blesse ma justice. Mais s'il m'afflige, et si je le déplore, c'est bien moins pour vous encore que pour notre malheureux pays et pour nous-mêmes.

Non pas que je nie que vous ayez dû beaucoup souffrir ou que je sois incapable de sympathiser avec les nobles souffrances. Je ne crois pas qu'il suffise d'avoir la conscience pure pour être insensible aux traits injustes, qu'ils partent de la main de l'aveugle destinée ou de celle des hommes. De même qu'il est des fautes involontaires que l'on expie par des larmes de sang et qui sont suivies de longs remords, de même il est des accusations iniques qui blessent l'honnête homme jusqu'au plus profond du cœur. Ces accusations iniques, elles ont été lancées contre vous. Cette blessure a été la vôtre. Je le crois facilement sans en avoir reçu la confidence. Les âmes les plus fières, je l'ai toujours remarqué, sont celles que la flèche empoisonnée de la calomnie fait le plus vivement souffrir.

Toutefois, et quelque douloureuse qu'ait été l'épreuve, les plus mauvais jours sont maintenant passés pour vous : et l'ère de la réparation arrive. Elle a commencé le jour même où vous avez provoqué le débat solennel qui vient de se terminer devant la cour d'assises de la Seine. Peut-être ne serait-il pas difficile de compter les hommes qui, après avoir joué un grand rôle dans les affaires publiques, auraient osé s'exposer spontanément à une pareille épreuve.

Cette impression a été la mienne, de même qu'elle a été celle de tous les esprits honnêtes. Il n'en est aucun qui ne se soit dit qu'il fallait que vous fussiez bien sûr de votre passé pour donner un semblable rendez-vous à ceux qui mettaient tant d'acharnement à vous déshonorer et qui avaient tant d'intérêt à produire les preuves publiques des bassesses dont ils vous accusaient.

Le débat a eu lieu : la lumière a été projetée sur tous les incidents de votre vie et les esprits les plus prévenus contre vous ont dû s'avouer vaincus devant l'évidence. Un journal étranger, le *Times*, qui s'est montré plus juste pour vous que ne l'avaient été un grand nombre de vos compatriotes, a dit même que vous étiez sorti, grandi, de l'enceinte de la cour d'assises. Le mot me paraît juste et je m'y associe.

Le moment où j'aurais pu vous plaindre est donc passé. Ce n'est pas à vous que va ma compassion, ce n'est point pour vous que je m'inquiète et que je m'afflige. Mais mon esprit reste péniblement frappé des graves réflexions que soulève ce douloureux incident, un des plus tristes de notre triste époque.

De pareils phénomènes ne se produisent point dans les sociétés saines. La hardiesse avec laquelle on s'est élevé contre la pureté d'une renommée qui offrait si peu de prises aux attaques ; le crédit que la calomnie la plus insensée et la moins croyable a rencontré jusque parmi les plus honnêtes, l'acharnement que les mauvais ont mis à vous attaquer, la faiblesse que les bons ont apportée à vous défendre : tout, jusqu'à ces revirements subits d'opinions dont vous bénéficiez aujourd'hui après en avoir été victime, trahit un malaise moral, un défaut d'équilibre mental, un trouble intellectuel, qui m'inquiètent vivement, pour l'avenir de mon pays.

Je sais que je n'ai pas l'autorité nécessaire pour appeler d'une façon utile l'attention du public honnête sur les déplorables symptômes que je signale, et je ne veux pas d'ailleurs sortir des limites plus modestes que je me suis tracées en commençant cette lettre. Il me paraît naturel cependant que, sans entrer dans un examen approfondi qui dépasserait mes forces et qui m'entraînerait trop loin, j'indique, en terminant, pour quelles causes inhérentes au tempérament moral que nous ont fait les révolutions, vos ennemis ont pu obtenir pendant un moment, contre votre réputation, un succès dont la facilité étonne la conscience et la raison.

Je ne les indiquerai pas toutes, la recherche en serait trop longue et il en est d'ailleurs quelques-unes que j'aime autant laisser dans l'ombre. Je ne parlerai pas par exemple de ce penchant au dénigrement qui s'empare de plus en plus des esprits les plus droits. Cette épidémie cependant a pris une telle intensité qu'on lui a donné un nom : on l'appelle dans la langue familière : chercher *la petite bête*. Nombreux sont les chercheurs de *petites bêtes*, et, hélas ! leur tâche n'est que trop facile : tant la nature humaine est remplie d'imperfections. Cette recherche est mauvaise cependant. Elle déshabitue du respect qui est une des plus indispensables nécessités sociales et elle exclut l'admiration qui, loin d'être une de nos faiblesses, comme on a osé l'écrire, est une de nos forces.

Je n'en dirai pas autant de l'*engouement*, qui tend à la remplacer et qui n'en est qu'une dangereuse contrefaçon !

Je ne dirai rien non plus de ce sentiment secret d'envie qui s'attache à tant d'âmes comme une espèce de lèpre morale dont elles n'ont pas conscience elles-mêmes. C'est lui qui nous dispose à accueillir avec tant de facilité tout ce qui tend à rabaisser au-dessous de notre taille ceux qui paraissaient plus grands que nous. Ce sentiment n'est pas moins funeste que celui dont je parlais tout à l'heure. C'est de la démocratie et de la pire, celle qui pousse la jalousie ou la haine de la supériorité jusqu'au domaine de l'intelligence et du mérite.

Mais il est des infirmités morales et intellectuelles plus dangereuses encore, et c'est celles-ci que je vais rapidement examiner.

VI

On me reprocherait à juste titre de n'avoir jamais ouvert le livre de l'histoire, si je m'étonnais des haines dont vous êtes devenu l'objet, comme si le passé n'en offrait pas d'exemples. Je reconnais qu'elles auraient pu se produire à d'autres époques et je ne les considère pas comme un trait particulier à la nôtre.

Mais je crois que les passions mauvaises qui ont voulu mettre à votre charge des lâchetés que vous n'avez pas commises et rejeter sur vous la responsabilité d'infortunes dont vous n'êtes point la cause, auraient éveillé en d'autres temps, pour leur faire contrepoids, des passions généreuses qui ne se sont produites qu'à l'état d'exceptions précieuses et honorables sans doute, mais trop rares.

L'affaissement des consciences, l'abaissement des âmes, l'obscurcissement des intelligences, le trouble des esprits, la défaillance des cœurs, leur ont fourni contre vous, au contraire, des points d'appui redoutables. Les sentiments élevés qui auraient été les meilleurs avocats de votre cause en des temps moins troublés vous ont fait défaut et vous avez eu le malheur de vous heurter en leur place à des sentiments si mesquins, si petits et si bas que l'on s'étonne, plus encore que l'on ne souffre, de les rencontrer chez une nation considérée pendant tant de siècles comme la plus chevaleresque et la plus généreuse du monde.

Il ne fût venu à la pensée d'aucun de ceux qui vous accusent avec tant de fracas d'avoir trahi l'empire, de vous reprocher votre prétendue défection, si vous aviez pu réussir à épargner à la France la douleur de la capitulation de Paris. L'infamie eût été la même cependant, et vous n'en auriez pas moins été coupable, mais vos ennemis auraient bien senti qu'ils n'avaient pas les mêmes avantages. Vous n'auriez pas eu besoin en effet, pour être acquitté par l'opinion publique, de donner les preuves de votre innocence. Il vous eût suffi de montrer à la foule votre front entouré de l'auréole du succès.

Mais vous aviez été vaincu, général, et votre défaite vous livrait pieds et poings liés à la calomnie ! Telle est la loi du siècle.

Le succès a toujours été tenu en grande estime parmi les hommes et la foule a toujours accordé son estime au victorieux.

2**

Mais ce qui est nouveau, du moins dans la société chrétienne, c'est le mépris du vaincu, tel qu'on le voit aujourd'hui. Mépris brutal, sauvage et cynique, qui ne connaît aucune limite, ne souffre aucune réserve, ne conserve aucune pudeur. On est vaincu, comme d'autres sont parjures, voleurs ou homicides! Le mot est devenu une injure, et des plus graves. On l'applique en guise de soufflet sur la joue de ses adversaires. Ce qui était autrefois un malheur est un crime maintenant : un crime qui dispense de toute pitié et de toute justice envers celui qui l'a commis. La défaite est une tache d'huile qui s'étend sur tout le passé !

A une époque désastreuse où nos armées marchaient de défaites en défaites après avoir marché de victoires en victoires, Louis XIV accueillit le maréchal Villeroy, que Malborough venait de battre à Ramillies, par ces paroles à jamais mémorables : « Monsieur le maréchal, on n'est plus heureux à votre âge. » C'était par sa faute cependant que Villeroy avait perdu une bataille qui livrait toute la Flandre à nos ennemis et le souverain avait le droit d'être sévère. Il préféra être généreux.

Cette grandeur d'âme n'est plus de notre époque. Ce ne sont plus des consolations qui attendent le général que la fortune a trahi, ce sont des insultes.

Vous vous êtes élevé, général, avec une noble et courageuse indignation contre ces honteux procédés, dans un temps où vous ne prévoyiez guère que vous deviez en être victime à votre tour.

« Laissons à la foule, toujours prête à l'adoration du succès et à l'insulte de la défaite, écriviez-vous en 1867, le soin d'exalter les victorieux, d'accabler les vaincus. Un général qui avait vieilli dans le service et dans l'estime de son pays, que l'opinion publique faisait le premier la veille, qu'elle faisait le dernier le lendemain, porte seul aujourd'hui, dans une retraite obscure et ignorée, le poids de ce grand désastre... Dussé-je rester contre tous, avec d'inébranlables convictions, je protesterai contre ces actes qui ne sont ni justes, ni judicieux, et qui abaissent la di-

gnité des armes dans l'esprit des peuples (1). »

C'est ainsi que vous parliez de Benedeck, vaincu à Sadowa, sans vous douter
que le nom de ce général malheureux
serait appliqué plus tard comme une injure sanglante à un autre général plus
malheureux encore peut-être. Cet autre,
ce devait être vous ; c'est bien vous que
l'on surnommait avec l'intention la plus
méprisante, il n'y a que quelques jours
encore, « le Benedeck de la défense nationale ! »

Mais ce n'est pas seulement à ceux qui
échouent dans les entreprises de la guerre
que le mépris des vaincus s'adresse, c'est
à tous ceux qui, combattant, même pour les
causes les plus justes, dans les conditions
les plus difficiles, ont le malheur de ne
pas réussir.

Jamais on ne s'était vengé sur les
hommes, avec autant d'âpreté et moins
de retenue, du mécompte des événements.

(1) *L'armée française en* 1867, par le général Trochu, page 166.

On ne leur sait plus gré des efforts tentés, on ne leur tient plus compte des difficultés rencontrées ; on mesure leur mérite au résultat obtenu, et encore ne considère-t-on plus comme un résultat ce qui n'est pas la complète satisfaction des espérances et des désirs. C'est ainsi qu'il en est parmi les meilleurs qui sacrifient, à leur insu, à la religion du succès.

Je ne connais rien qui soit mieux fait que ces injustices et que ces exigences pour décourager le dévouement, et c'est pour cette raison que je les signale. Qui voudra se jeter dans la mêlée, si l'on est tenu de remporter la victoire pour échapper au blâme ? Ne devrait-il pas suffire au contraire d'avoir fait preuve de zèle et de courage pour mériter des éloges ? Ce n'est pas de bonnes volontés, c'est de bonnes intentions que l'enfer est pavé, au dire du saint évêque d'Hippone. Ce sont les actes et non les résultats qui doivent nous servir de base pour juger équitablement les hommes qui prennent la lourde tâche, dans des temps si difficiles, de défendre notre cause et de protéger nos intérêts.

Je sais bien que les âmes hautes ne se laissent pas troubler par l'ingratitude ou l'injustice des hommes : ce n'est pas d'eux qu'elles tirent leur force ; applaudies ou méconnues, elles n'en poursuivent pas moins, avec la même constance, la noble tâche du devoir. Mais combien y a-t-il d'âmes hautes ? Et ne doit-on pas tenir compte de celles, plus nombreuses et plus faibles, qui trop sensibles aux appréciations humaines, peuvent se lasser d'être injustement jugées et abandonner le champ de bataille ?

Encore s'il n'y avait d'autre injustice que celle du blâme ! mais que dire du soupçon si prompt à s'éveiller à la plus faible et plus trompeuse apparence ? Il n'est pas de réputation si haute qui soit à l'abri de ses atteintes injurieuses : tant nous avons été aigris par nos malheurs et irrités par nos mécomptes. Nous sommes devenus impressionnables à l'excès et ombrageux dans la même mesure. Jamais on n'avait cru aussi facilement à l'oubli du devoir chez les autres. Plus ils sont élevés, moins la confiance qu'ils nous inspirent est solide. Nous sommes si bien préparés à voir partout la trahison, qu'il n'est pas d'accusation, si absurde qu'elle soit, qui ne rencontre un grand nombre de crédules. Vous l'avez éprouvé, général, malgré un passé qui semblait de nature à opposer au soupçon d'invincibles obstacles. Combien d'autres qui l'ont éprouvé comme vous : combien qui l'éprouveront encore !

Cette facilité à croire aux défections, aux lâchetés, aux abandons, aux défaillances, est déplorable. Elle paralyse les bonnes volontés, use les cœurs et flétrit les âmes ; elle ne permet plus ces actions énergiques qui ont besoin, pour être engagées et soutenues, de la réciprocité de la confiance, entre ceux qui luttent pour les mêmes causes. Quel effort peut-on attendre de soldats qui se jettent de rang en rang des regards soupçonneux, et qui s'attendent à chaque instant à être trahis par tel ou tel de leurs chefs, sinon par tous ! Il n'est que temps de se défier de la défiance !

Il y a d'autre part des liens de solidarité qui se relâchent et qu'il faut resserrer sous peine de succomber les uns après les autres. On ne sent plus assez vivement que lorsqu'un honnête homme est injustement attaqué, c'est le devoir et l'intérêt de tous de le secourir. Nous ne sommes déjà que trop désunis : nous n'avons que trop de tendance à nous désunir davantage jusqu'à l'infini de l'éparpillement, jusqu'à l'émiettement , jusqu'à la poussière. Que tous ceux au moins qui ont le culte du devoir et la religion de l'honneur, qui adorent le même Dieu et qui s'agenouillent au pied des mêmes autels, s'accordent à pratiquer les uns envers les autres les obligations que leur impose cette noble confraternité de sentiments et de croyances !

C'est ce devoir que j'ai eu à cœur de remplir envers vous, général, en mon nom, et aussi (j'ai la confiance qu'ils ne me désavoueront pas) au nom de mes amis de la Vendée. Nous ne sommes pas habitués à mesurer nos sympathies à la fortune et on ne nous a jamais vus abandonner aux jours de l'épreuve ceux à qui nous nous étions attachés aux jours de la popularité. Nous laissons à d'autres l'insulte pour les vaincus et l'adoration pour le succès. Il ne nous déplaît pas de défendre les causes justes contre le sarcasme, la calomnie et les injures du vulgaire. Nous n'abandonnons que ceux qui se sont abandonnés eux-mêmes, en manquant aux lois de l'honneur, de la conscience et du devoir.

Votre passé nous est garant que nous n'aurons jamais à accomplir une rupture aussi douloureuse avec vous. Que vous restiez dans la vie publique ou que vous entriez dans la retraite, ainsi que vous en avez exprimé la regrettable intention, vous emporterez avec vous la sympathie et l'estime que nous devons aujourd'hui, plus que jamais, « à l'une des âmes les plus désintéressées et les plus intrépides de notre temps (1). »

(1) Lettre de Mgr Dupanloup à Me Lachaud.

Je ne pouvais mieux terminer cette lettre qu'en rappelant ce bel éloge que vous adressait un grand évêque à l'heure où je la commençais. Soldat obscur de l'armée catholique, j'ai le droit d'être fier de m'être rencontré avec un de ses chefs les plus illustres dans le témoignage que j'ai rendu, sous la pression de ma conscience indignée, en faveur de la justice et de la vérité, objets de mon culte passionné et de mon inébranlable attachement.

EMMANUEL DE RORTHAYS.

Le Mans, 14 avril 1872.

Le Mans. — Typ. Ed. Monnoyer. — 1872.